27
Ln 14053.

ORAISON FUNÈBRE

DE MADEMOISELLE

DE MESENGE

(GABRIELLE-MARIE-LOUISE)

PRONONCÉE

DANS L'ÉGLISE D'AUNAY (ORNE), LE 16 FÉVRIER 1854

PAR

M. L'ABBÉ LOUVEL

CHANOINE TITULAIRE DE SÉEZ

PARIS

LIBRAIRIE LITURGIQUE-CATHOLIQUE

L. LESORT ÉDITEUR

RUE GRENELLE SAINT-GERMAIN, 3

—

1854

ORAISON FUNÈBRE

DE MESENGE

(GABRIELLE-MARIE-LOUISE)

> Et audivi vocem de cœlo dicentem mihi :
> Scribe : Beati mortui qui in Domino
> moriuntur. Amodo jam dicit Spiritus ut
> requiescant à laboribus suis : opera
> enim illorum sequuntur illos.
> *(Apoc.*, 14, 13.)

A la vue d'une illustre maison qui s'écroule, qui perd chaque jour ses plus fermes appuis, et dont tout l'espoir repose sur un petit enfant arraché, il y a quatre ans à peine, aux flancs d'une mère expirante ; à la vue de tant de morts qui se succèdent, qui se pressent et nous laissent à peine le temps d'essuyer nos larmes avant de nous en demander de nouvelles ; à la vue d'une noble famille jusque-là si heureuse et maintenant vouée à un deuil éternel, qui vient en peu d'années de livrer à la tombe la moitié de ses membres ; d'une mère à qui l'on vient de redemander son dernier enfant ; il semble, mes frères, qu'il ne devrait sortir de ma bouche que des soupirs, des regrets et des sanglots, et que, recherchant dans le prophète des lamentations ses accents les plus lugubres, je devrais m'asseoir avec Jérémie pour pleurer

et pour dire : « O vous qui passez par le chemin, re-
« gardez et voyez s'il est une douleur semblable à la
« mienne ¹. »

Et cependant, mes frères, en face même de ce cercueil
à peine fermé qui vient d'engloutir tant de grâces, de
beauté, de jeunesse et d'espérances, je ne puis me livrer
à la douleur, car une voix d'en haut me dit comme au
prophète de Pathmos : « Écris, heureux les morts qui
« meurent dans le Seigneur, l'esprit leur dit maintenant
« de se reposer de leurs travaux, car leurs œuvres les
« suivent dans l'éternité. »

C'est qu'en effet, pour l'homme qui a étudié une si
belle vie, qui en a suivi toutes les phases, qui l'a consi-
dérée surtout à ses derniers moments, il ne reste aucun
doute qu'elle ne règne avec Dieu dans la cité des vi-
vants. Pour lui comme pour tous ceux qui ont le bonheur
de l'approcher, c'est un lis cueilli avant le temps par les
anges ; c'est un fruit précoce détaché de sa tige par la
main du père de famille ; c'est une vierge appelée aux
noces du céleste époux. Hélas ! nous demandions pour
elle, Dieu sait avec quelle ardeur, de prolonger ses jours ;
le Seigneur nous a accordé plus que nous ne désirions,
il lui a donné une vie éternelle. Tandis que nous lui fer-
mions les yeux sur la terre, Dieu les lui ouvrait dans le
ciel pour contempler les splendeurs de sa gloire ; et nos
derniers adieux retentissaient encore à ses oreilles, que
déjà elle les ouvrait aux concerts des anges qui célé-
braient son triomphe dans les cieux.

Je le sais, mes frères, les jugements de Dieu sont un

---

1. *O vos omnes, qui transitis per viam, attendite et videte si est dolor
sicut dolor meus.*

abîme impénétrable [1]. Il y a bien loin de ses pensées aux pensées des hommes, et la vie la plus pure a toujours à trembler devant sa redoutable justice; mais il nous a tracé lui-même dans les saintes Écritures les conditions de notre entrée dans son royaume, les vertus qu'il exige, les bonnes œuvres qu'il demande avant de nous reconnaître pour ses enfants, et toutes ces conditions ont été remplies, toutes ces vertus ont été pratiquées, toutes ces bonnes œuvres ont été accomplies.

« Tu aimeras le Seigneur ton Dieu de tout ton cœur, « de toute ton âme, de toutes tes forces; fais ceci, et tu « vivras, » et notre jeune sainte a donné à Dieu tout son cœur, toute son âme et toutes ses forces. « Si vous avez « des biens, faites-vous-en des amis qui vous reçoivent « après votre mort dans les tabernacles éternels, » et elle n'a fait autre chose pendant tout le cours de sa rapide existence. Enfin, dit l'Apôtre : « Si nous souffrons avec « Jésus-Christ, nous régnerons avec lui [2], » et sa vie n'a été qu'une suite non interrompue de douleurs et de souffrances; nous pouvons donc sans témérité espérer pour son âme la vie éternelle, elle lui est due à tous les titres; à son amour pour Dieu, à sa charité pour les pauvres, à sa patience dans les souffrances. Développons ces trois vérités, et nous aurons la vie de Gabrielle de Mesenge.

1° Lorsqu'on retrace la vie des grands hommes, on néglige ordinairement l'enfance et on passe légèrement sur la jeunesse, car il en est peu qui ne soient forcés de dire avec David : « O Seigneur, daignez oublier les fautes « et les ignorances de ma jeunesse [3]. »

1. *Judicia Dei abyssus multa.*
2. *Si compatimur, ut et conglorificemur.*
3. *Delicta juventutis meœ et ignorantias meas ne memineris, Domine.*

Je n'ai à vous raconter, mes frères, qu'une vie de jeune fille passée tout entière sous l'aile de sa mère, loin du bruit et du tumulte des hommes, qu'une enfance et une jeunesse à peine commencées, et cependant j'ai à vous dire des merveilles.

Née avec un tempérament nerveux, une imagination vive et ardente, un caractère fier et impérieux, une constitution faible et maladive qui ne se prêtait à aucune contrainte, supportant avec peine l'application et repoussant toute discipline, Gabrielle de Mesenge avait tout à craindre pour son salut. Heureusement, le Seigneur qui l'appelait à lui et qui sait arriver à ses fins avec tant de force et de douceur [1], outre une mère digne des anciens jours et dont la foi grandit en proportion des sacrifices qu'on lui demande, avait placé à ses côtés un modèle et un appui dans une sœur chérie, Mathilde, de si suave et si sainte mémoire, ange égaré sur la terre et trop tôt remonté vers les cieux, qui, comme elle, n'a vécu qu'un matin, que le temps de laisser un regret éternel. Mûre avant le temps, sage avant l'âge, toutes les vertus lui semblaient naturelles, tous les devoirs faciles, tous les sacrifices sans effort, elle n'avait de l'enfance que les grâces, le cœur et la simplicité. Voilà le guide que suivit Gabrielle, qui l'initia à toutes les vertus, qui lui apprit à aimer Dieu et ses parents, Dieu et les pauvres, Dieu par-dessus tout, à tout souffrir pour son saint amour, à tout recevoir de sa main paternelle, biens et maux, joies et peines, santé et maladie.

Ne me demandez pas comment cette enfant si légère,

---

1. *Attingens à fine usque ad finem suaviter et fortiter.*

si capricieuse, si folâtre, semble changer de nature en présence du Seigneur; qui lui a appris à prier avec tant d'attention et de ferveur : sa sœur prie avec elle et lui inspire son recueillement, elle lui fait oublier la terre en la voyant penser aux cieux.

Ne vous inquiétez pas du jour si décisif dans la vie du chrétien, du jour que le Seigneur a fait dans sa miséricorde, où il daigne admettre pour la première fois le jeune enfant à sa table sainte, lui donner le baiser paternel et prendre une solennelle possession de son âme. Les regards de ses heureux parents en la voyant si pure, si radieuse, si abîmée dans le Seigneur, se reportent naturellement sur l'ange gardien qui veille sur elle, qui lui a prêté son cœur et communiqué tous ses sentiments. Et quand viendra le jour plus solennel encore où l'esprit de force et de vie doit soutenir et confirmer nos résolutions, et nous donner la perfection du christianisme, elle ne sera pas seule aux pieds du pontife, et le Saint-Esprit trouvant dans les deux sœurs et le même amour et la même ardeur, les marquera toutes deux du sceau des prédestinés.

Pourquoi lui a-t-elle montré si tôt la science la plus importante de toutes, la science de bien mourir? Pourquoi lui a-t-elle appris si tôt l'art de se dépouiller de la vie comme d'un vêtement usé, de quitter sans regret tout ce qu'il y a de plus cher, un père, une mère, un époux, un enfant, pour s'élancer dans les cieux, et les attendre, et les attirer avec elle dans le sein de Dieu?

Je n'essaierai pas de vous peindre, mes frères, la douleur qui saisit Gabrielle à cette séparation inattendue; elle perdait plus qu'une compagne, plus qu'une amie, plus

qu'une sœur, elle perdait son guide, son étoile au milieu
des orages de cette vie. Pour la première fois, elle se
trouva seule sur la terre, elle sentit comme un vide
immense, comme une nuit profonde l'entourer de toutes
parts ; elle pleura longtemps sur le sein de sa mère et
plus longtemps encore aux pieds de Dieu. Puis relevant
ses regards abattus, elle aperçut dans le ciel les traces
lumineuses de l'ange qui venait de lui échapper, et elle
promit à Dieu de la suivre et de l'atteindre dans l'éternité. Jamais promesse ne fut mieux remplie ; de ce jour,
en effet, elle comprit tout le néant des choses humaines,
les richesses de la terre ne furent plus à ses yeux qu'un
moyen d'acheter le ciel en soulageant les malheureux, le
monde perdit tout son prestige, et si elle se prêta encore
à ses devoirs et à ses bienséances, elle sut profiter avec
soin de toutes les occasions de s'affranchir de ses fêtes et
de ses folies, elle préférait au tumulte des assemblées du
siècle le silence et la paix de la maison de Dieu, elle
aimait à orner les autels, à décorer et à enrichir les
tabernacles, et chaque solennité voyait aux pieds du Seigneur un nouveau gage de sa piété, un nouveau témoi-
gnage de son amour. Son temps mieux distribué lui laissa
de précieux loisirs pour la prière, la méditation de la
loi sainte, l'étude de son cœur, la vigilance sur ses pas-
sions, l'examen approfondi de sa conscience, et ses jour-
nées, mieux remplies, n'en coulèrent que plus douces et
plus rapides.

Elle apprit l'art de s'entretenir avec Dieu, de vivre
sous ses yeux, de le consulter dans tous ses doutes, de
l'invoquer dans tous ses besoins, de répandre son âme
en sa sainte présence et de sanctifier en les lui offrant

chaque action de sa vie. Formée ainsi sous les yeux de Dieu, accoutumée à soutenir ses regards si doux et en même temps si sévères, sa conscience chaque jour plus tendre et plus timorée, s'étonna des moindres fautes et la conduisit plus souvent au tribunal de la pénitence, la table sainte fit ses délices, et l'agneau sans tache, reçu dans un cœur si pur et si bien préparé, l'embrasa bientôt des feux de son amour. Tels furent les fruits de la mort de Mathilde, ainsi elle continua au ciel l'œuvre qu'elle avait si heureusement commencée sur la terre.

2° L'amour de Dieu ne va jamais seul, et, quand il entre dans un cœur, il y établit aussitôt l'amour du prochain et surtout l'amour du pauvre et du malheureux. Quel autre moyen, en effet, de reconnaître les bienfaits du Seigneur que de le servir dans la personne du pauvre, de l'aider à porter le fardeau si accablant de l'indigence et d'arrêter sur ses lèvres le murmure prêt à s'élever contre la Providence. Certes l'aumône est si naturelle aux âmes bien nées, elle est si héréditaire dans les races antiques et surtout dans la famille de Mesange, que je ne le remarquerais pas même dans Gabrielle, si elle n'en avait fait son étude, son travail, son application de tous les jours et de tous les instants. Il est vrai qu'à la charité pour les malheureux se mêlait un autre sentiment non moins vif et non moins pressant sur son cœur. Elle suivait encore son modèle, elle retrouvait ses traces, elle le remplaçait auprès de ses pauvres. Voilà pourquoi, non contente de rassasier les entrailles affamées, elle se fit l'ouvrière des pauvres, le salon fut changé en atelier, où, aidée de sa mère et de ses jeunes amies, elle confectionnait de ses propres mains les vêtements des malheureux.

L'ouvrière des pauvres devint bientôt leur institutrice ; frappée de l'abandon de tant de petits enfants qu'elle voyait errer dans les chemins, dans les champs, dans les bois, sans guide et sans secours, elle en rassembla quelques-unes pour leur apprendre à connaître leur père qui est dans les cieux et à se rendre dignes de leurs hautes destinées ; puis sa charité croissant avec le bien qu'elle faisait, elle se réunit à celui que Mathilde lui avait laissé pour frère dans l'accomplissement d'un vœu devenu désormais leur commune consolation : la fondation de cette école de charité, où, sous la direction d'une pieuse maîtresse, les jeunes filles reçoivent une éducation si religieuse, si solide et si pratique. Ce fut un beau jour pour Gabrielle que celui où elle ouvrit cette école de la véritable science ; ce fut une bien douce satisfaction pour son cœur quand elle vit réunies autour de la fille de Dieu ces petites brebis si longtemps errantes. Mais ne croyez pas qu'elle cesse pour cela de veiller sur elles ; plusieurs fois la semaine elle visitera la classe pour exciter et encourager les élèves et la maîtresse, pour distribuer des récompenses et communiquer à toutes son ardeur pour le bien.

Rassurée sur ce point, sa charité inépuisable se porta vers un autre qui tourmentait depuis longtemps son cœur ; malade elle-même, elle sentait plus vivement que personne combien la souffrance doit peser sur les épaules du pauvre, quand, arraché à ses pénibles labeurs, il est jeté par la maladie sur un lit de douleurs. Elle savait combien de ces malheureuses victimes périssent faute de soins et de secours, ou traînent le reste de leurs jours une vie languissante. Elle pourvoira à tout, grâce à la charité de ses parents; son propre médecin, dont elle savait si bien apprécier le dévouement et la charité, leur donnera des conseils; des sœurs, si justement nommées de la Miséricorde, viendront dans les jours d'épidémie leur prodiguer leurs soins si tendres, si affectueux et si délicats; elle les visitera elle-même, donnera et préparera tous les remèdes, et elle tressaillira de joie en les voyant rendus à leurs familles et à leurs travaux ordinaires.

Hélas! nous espérions que tant d'œuvres de charité auraient parlé au cœur de Dieu, que tous ces pauvres de Jésus-Christ, ces petits enfants, ces veuves, ces vieillards, en se présentant devant le Seigneur avec les habits dont elle avait couvert leur nudité, le pain dont elle les avait nourris, les soins qui leur avaient rendu la santé, auraient fait violence au ciel et obtenu grâce pour la vie de leur bienfaitrice. Ne murmurons pas de n'avoir pas été exaucés selon nos désirs, Dieu a fait plus que nous ne demandions, il a perpétué ces œuvres d'une bienfaisance si chrétienne, en les faisant passer du cœur de la fille dans le cœur de la mère, et il s'est empressé de dire à une âme dont le monde n'était pas digne : Venez, fille bénie de mon père, posséder le royaume qui vous a été préparé dès le commencement du monde, car j'ai eu faim et vous m'avez donné à manger, j'ai eu soif et vous m'avez donné à boire, j'ai été nu et vous m'avez donné des habits, j'ai été malade et vous m'avez visité, entrez dans la gloire de votre maître. Que son saint nom soit béni !

3° Il aurait manqué quelque chose à la gloire de Gabrielle de Mesenge si elle eût reçu sa récompense sur la terre, dans l'amour de sa famille, dans la reconnaissance des pauvres et dans la joie de sa conscience; sa vertu n'eût pas été chrétienne si elle n'avait été sanctifiée par la souffrance et masquée par la croix du signe de Jésus-Christ. Nous avons beau dire, en effet, chrétiens, s'il a fallu que le Christ souffrît et qu'il entrât ainsi dans sa gloire [1], il ne reste à ses enfants, s'ils veulent marcher après lui et le suivre dans son royaume, d'autre chemin que celui du calvaire.

Heureux donc, dit le Sauveur, ceux qui pleurent, heureux ceux qui souffrent parce qu'ils seront consolés [2]. A ce compte, mes frères, qui fut plus heureux pour le ciel, qui suivit de plus près Jésus-Christ que Gabrielle, dont la vie ne fut qu'une longue souffrance, disons mieux, une longue agonie. Elle souffrit sur le sein de sa mère, dans les bras de sa nourrice, pendant toute son enfance ; sa jeunesse s'ouvrit dans les larmes, et elle n'a atteint sa dix-huitième année qu'au prix des plus dures et des plus pénibles privations. La maladie pour elle fut son état ordinaire, la santé une exception ; la joie qui vient de la surabondance de la vie lui apparut à de rares intervalles, comme le soleil d'hiver qui ne nous réchauffe qu'à demi et se cache aussitôt, comme ces éclairs qui ne percent un moment la nue et nous inondent de lumière que pour nous laisser bientôt dans de plus profondes ténèbres. Et cependant, à la voir dans ces courts instants de bonheur, on eût dit, à la manière dont elle les goûtait, qu'elle n'avait jamais souffert; à la voir dans ces dernières souffrances, on eût dit qu'elle ne connaissait que la dou-

---

1. *Oportuit pati Christum et ita, intrare in gloriam suam.*
2. *Beati qui lugent, beati qui patientur.*

leur, tant elle savait posséder son âme dans la patience.

C'est dans ces rudes épreuves que le Seigneur préparait sa servante au dernier combat, c'est dans ce creuset qu'il purifiait cet or déjà si pur, c'est dans le feu de la tribulation qu'il faisait mûrir ce fruit si précoce. Aussi, quand vint sa dernière maladie, hâtée par la mort si douloureuse d'un père qu'elle chérissait uniquement; quand les battements désordonnés de son cœur, semblables à un glas funèbre, vinrent l'avertir que ses jours étaient comptés et qu'ils se précipitaient vers leur terme, quand elle eut lu sur le visage de tous ceux qui l'approchaient l'arrêt de sa mort, elle se retourna doucement vers le Seigneur pour le bénir et lui dire avec Daniel : Je me suis réjouie à la nouvelle qui m'a été dite, j'irai donc dans la maison du Seigneur [1]. Et quand nous lui parlâmes d'en appeler à Dieu, de recourir à la protection de Marie, — Puis-je, en conscience, nous disait-elle, demander à vivre? Je souffre et je fais souffrir les autres, ne vaut-il pas mieux mourir et aller dans le sein de Dieu, où je serai heureuse et pourrai, par mes prières, servir encore à mes amis ! — Mais votre mère, vos pauvres? —Je vous entends; oui, je prierai, je prierai de tout mon cœur; mais au moins vous me permettrez d'ajouter avec Notre Seigneur au jardin des Olives : Que votre volonté soit faite et non la mienne. Dieu sait bien mieux ce qu'il nous faut. — Ne croirait-on pas, mes frères, entendre le grand apôtre, ou le thaumaturge des Gaules, saint Martin, nous dire : Je désire mourir pour être avec Jésus-Christ, mais si je suis encore utile je ne

---

1. *Lætatus sum in his quæ dicta sunt mihi : in domum Domini ibimus.*

refuse pas le travail, je ne redoute pas le combat, je ne crains pas la souffrance[1]. Et après que Dieu eût prononcé, quand, content de sa résignation et de son sacrifice, il eut dit : c'est assez ; quand l'huile sainte eut coulé sur ses membres et les eut pénétrés d'une force toute divine, on vit pendant plusieurs jours le plus beau spectacle que puisse présenter la terre : un enfant consoler ses amis, ses parents, ses serviteurs, les remercier de leurs soins, leur donner ses derniers conseils, leur dire ces paroles qui pénètrent le cœur et qui restent dans l'âme comme des traits de lumière. Et pendant ces discours de l'autre vie, si elle était interrompue par des soupirs ou des sanglots, si elle surprenait des larmes dans les yeux : Pourquoi pleurez-vous? disait-elle, voyez, je suis calme, je ne pleure pas, moi; je ne vous quitte pas pour longtemps; je pars la première, à la vérité, mais je dois vous préparer une place; et quand vous me rejoindrez dans quelques jours, je vous donnerai la main et je vous présenterai au Seigneur.

Où avait-elle puisé cette force surhumaine, ce courage héroïque, cette énergie surnaturelle? Il faut que je vous le dise, mes frères, pour la gloire de Dieu et pour votre instruction : à la source, dans le pain des forts et aux pieds du crucifix. Elle communiait tous les jours à la fin de sa maladie, et cent fois le jour elle baisait l'image de Jésus crucifié. Chose singulière, au milieu de ces affaissements d'une nature défaillante, au milieu de ces crises d'un corps tombant en ruines, son âme recouvrait toutes ses forces à la pensée de recevoir son Dieu : Il est minuit,

---

1. *Cupio dissolvi et esse cum Christo, non recuso laborem.*

disait-elle, Jésus va venir ; et alors on la voyait se soulever sur sa couche brûlante, se recueillir avec calme, ouvrir ses lèvres mourantes à la rosée céleste, et après l'avoir reçue s'endormir doucement dans le sein du Seigneur, pour se réveiller quelques instants après avec lui. Elle avait pour ainsi dire oublié toutes ses prières, ou plutôt elles ne convenaient plus à l'état de son âme ; elle ne savait plus que dire et répéter sans cesse : Mon Dieu ! je vous aime de tout mon cœur. Ces dernières paroles ont terminé sa vie ; elles murmuraient encore sur ses lèvres glacées, elles échauffaient encore son cœur, quand Dieu l'a appelée à lui ; son dernier soupir fut un acte d'amour qu'elle continuera dans le ciel pendant toute l'éternité.

Mes frères, il n'est personne parmi vous qui, au récit d'une vie si chrétienne et d'une fin si heureuse, ne se prenne à dire : Puisse mon âme mourir de la mort des justes et mes derniers moments ressembler aux leurs [1]. Hé bien, la lice est ouverte, le chemin est frayé, la route est tracée, et c'est une enfant qui nous la montre et qui, se retournant vers nous, semble percer la nue pour nous dire, avec le gracieux sourire que vous lui connaissez : Il n'y a point de comparaison entre les souffrances de cette vie et la gloire à venir [2]. Suivons donc, mes frères, des traces si glorieuses ; vivons comme elle dans l'amour de Dieu, dans la pratique des bonnes œuvres, dans la charité pour les pauvres et les malheureux ; supportons avec courage les peines et les misères de cette vie ; retrempons souvent

---

1. *Moriatur anima mea morte justorum et fiant novissima mea horum similia.*
2. *Non sunt condignæ passionis hujus temporis ad futuram gloriam.*

notre âme dans la fréquentation des sacrements ; puisons notre force dans la réception du pain des forts, et après l'avoir imitée sur la terre, nous régnerons avec elle dans l'éternité.

Vous, mère désolée, séchez vos larmes ; vous avez donné à Dieu la lumière de vos yeux, le bâton de votre vieillesse, la joie de votre vie, l'espoir de votre postérité[1]. Votre douleur est grande comme la mer[2] ; mais ne refusez pas comme Rachel toute consolation parce que vos enfants ne sont plus[3] ; car elles vivent devant le Seigneur, elles règnent dans les cieux. Levez donc vers le ciel votre tête abattue, voyez ces yeux qui vous regardent, qui suivent tous vos pas, qui vous enveloppent d'un céleste amour ; considérez ces mains qui se joignent devant le trône de Dieu. Que demandent-elles ? Pour la veuve, pour la mère délaissée, le courage de porter son immense chagrin ; pour le fils de votre cœur, le fils de votre choix, la force d'accomplir jusqu'au bout sa sainte et triste mission ; pour l'enfant de tant d'espérances, la grâce de marcher toute sa vie digne de vous, digne de ses pères, digne des anges qui veillent sur lui du haut des cieux. Ainsi soit-il.

1. *Lumen oculorum nostrorum, baculum senectutis nostræ, solatium vitæ nostræ, spem posteritatis nostræ.* (Job, 10, 4.)
2. *Magna est velut mare contritio tua.*
3. *Rachel plorans filios suos et noluit consolari quia non sunt.*

PARIS. — IMPRIMERIE DE J. CLAYE ET Cᵉ, RUE SAINT-BENOIT, 7